JN417719

梅月堂詩四遊錄

간행사

계명대학교(啓明大學校) 동산도서관(童山圖書館)에서는 옛 문헌을 수집 보존하고, 현재의 지식으로 재현 활용키 위하여 여러 가지 노력을 기울여 왔습니다. 수장(收藏)하고 있는 약 70,000책의 고서를 2004년 개교50주년을 기념하여 『고서종합목록(古書綜合目錄)』으로 정리 간행하였고, 1999년부터 문화재 지정을 지속적으로 신청하여 2006년 4건의 고서를 추가로 보물로 지정받음으로써 현재 총 11종20책의 국가문화재(國家文化財) 보물(寶物)을 보유하게 되었습니다. 이처럼 동산도서관의 고서의 수장은 질적, 양적으로 대학도서관으로서 가장 우수한 수준이라고 할 수 있습니다.

계명대학교 한국학연구원(韓國學硏究院)은 1973년 한국학연구소로 출범하여 문학, 역사학, 철학, 민속학 등 제반 분야에서 한국학 연구를 심화하고 활성화시켜 왔습니다. 이후 우리나라의 국제적 위상이 높아지고, 그에 따라 한국학을 세계화할 필요성이 높아짐에 따라 1989년 한국학연구소를 대학 부속기관으로 승격시키고, 기구를 확대 개편하여 한국학연구원으로 재출범하였습니다.

고전적(古典籍) 같은 한국학 자료는 역사적 가치와 미래적 가치를 동시에 지닌 인류의 소중한 학문적, 문화적 자산입니다. 이러한 자료가 국내외에 널리 공유될 수 있도록 하기 위해서는 자료의 가치에 대한 다양한 소개와 보급이 필수적입니다. 그리하여 한국학연구원에서는 이러한 취지에서 2007년 교육과학기술부 국학기초자료사업에 '계명대학교 동산도서관 소장 선본고서 해제 및 자료공개화 사업'을 신청하였고, 바로 선정되어 현재 원활히 사업을 수행하고 있습니다. 계명대학교 및 동산도서관에서는 이 사업의 취지에 공감하여 전폭적인 협력과 지원을 하고 있습니다.

1999년 동산도서관에서는 '계명대학교 동산도서관 고문헌총서'를 기획하여 1집으로 『무예제보번역속집(武藝諸譜飜譯續集)』(1999), 2집으로 『두시언해(杜詩諺解)』(2000)를 영인, 보급하여 학계의 좋은 반응을 얻은 바 있습니다. 재정적 문제로 사업이 지속되지 못하였던 바, 금번 자료공개화 사업의 일환으로 이 우수한 사업을 다시 잇게 되었습니다. 본서는 이러한 내력을 가지고 간행되는 것입니다. 이번에 영인되는 책은 김시습(金時習, 1435~1493)의 『매월당시고(梅月堂詩藁)』(3집)와 「매월당시사유록(梅月堂詩四遊錄)」(4집), 이륙(李陸, 1438~1498)의 『청파집(靑坡集)』(5집), 정희량(鄭希良, 1468~1502)의 『허암유고(虛庵遺藁)』(6집), 이중경(李重慶, 1599~ 1678)의 『잡훼원집(雜卉園集)』(7집)입니다. 이들은 간본(刊本)으로 현존 유일본 또는 희귀 초간본이거나, 필사본(筆寫本)으로 저자의 친필 초고본에 해당하는 귀중한 책들입니다. 그 구체적인 내용과 가치는 개별 해제를 참조해주시기 바랍니다.

한국학연구원과 동산도서관에서는 앞으로도 한국학연구에 도움이 되는 좋은 자료를 선정하여 연차적으로 영인본 또는 화상이미지로 보급하고자 합니다. 학계와 도서관계 여러분께서도 이러한 취지에 많이 성원해 주시고, 이들 자료를 바탕으로 활발한 연구가 이뤄지기를 기대합니다.

끝으로 이들 자료의 해제를 맡아주신 박철상, 장인진, 김연수 선생님을 비롯하여 사업의 기획, 자료 선정 및 편집 등에 수고해주신 관계자 여러분께 감사드립니다.

2008년 8월

계명대학교 동산도서관장 김 종 영
계명대학교 한국학연구원장 이 윤 갑

梅月堂詩四遊錄

自寫眞贊
俯視李賀
優於海東
騰名謾譽
於爾孰逢
爾形至眇
爾言大侗
宜爾置之
丘壑之中

梅月堂

梅月堂詩四遊錄

遊關西錄

渡洛河

滔滔流向海門西風起波渾拍柳堤借問斷蓬何處繫白沙汀畔草萋萋

松都

五百年功事已訛夕陽芳草奈愁何誰家礮砌花無主幾處頹簷雀可羅輦路香銷疎雨過歌臺響絶冷雲稟市兒不識前朝恨唱得花園第一歌

故宮

斷碑殘礎冪藤花樓觀當年產女家金井水枯生薜
荔瑤臺草沒伏麏麚離離黍稷皆姬館䁪䁪松楸是
內斜魚鑰鐵銷銀鎖斷野棠開盡蔟薺沙

花園

八角宮中莎草深笙歌寂寞冷沉沉好花無語但開
落嘉卉自芳成古今決策殿空喧鳥雀動螺墻倒雨
霖靈麗王不作芭蕉計終使螟蛉就活擒

穆清殿

舉義回師德業隆操雞搏鴨已無功鼎新禮樂堯天
大鼓舞昇平舜日中清廟香烟和瑞氣彤庭樹色拂

祥風要知億億朝鮮祚必自
前王肇造雄

遊古國學

夫子文章可得聞巍巍盛德述華勛閟宮人靜堪陳
俎泮水波清可采芹已畏身遭司馬害那知書向祖
龍焚杏壇花下延緣久悦若清琴入耳薰

遊華藏寺

西胡王子出王家傳法南天越塞沙萬里来東開佛
日幾人授拜仰曇花上方紅日明金像古殿青燈透
縡紗松檜風風磨僧入定高低樓閣揷青霞

登聖居山

萬壑千巖石逕危登高𢶍斷杖藜枝烏還青嶂山中暮人向白雲林下時快矣吾生真矍鑠遐哉人世隔塵泥從今我欲尋形勝萬里江湖任意馳

遊天磨山

尖峯高插漢異境閟神藏雲捲千巖靜花開一澗香烟霞浮靉靆松檜響淒凉絶頂非人世憑虛試欲望

瓢淵

蒼崖萬丈何雄哉上有泓潭千尺深蟄龍睡起怒不禁噴出明珠千萬斛明珠萬斛瀉蒼壁山鬼愁泣鮫人驚鮫人上奏玉皇京帝命巨靈渾擘碎碎盡明珠

如沆瀣滾之清溪澄且明琅琅嗚咽復鏦錚流向滄溟千萬里竟作玉穴瓊岑趄蹴地掀天聲如雷海若起舞相徘徊固知出處壯且嵬蒼崖萬丈何雄哉

岊嶺

小亭風正息積雪映林殘日暖鳥多語春融路不乾地寒無異卉谷密有猗蘭何處傴僂者相呼上翠巒

湞江曲

湞江之水澄如何湛湛恰似青玻瓈湞江之水綠如何綠色綠於芳草萋萋芳草萋萋湞江頭畫船簫鼓浮江流江流有盡樂未央細料世間歡樂與悲傷都是

南柯夢一場

箕子廟

古廟丹靑剝尊崇歲月深堪嗟顚社日可恐不臣心
設位裝香火雕珉記德音至今民仰慕蕉荔獻誠忱

檀君廟

檀君民鼻祖太白有靈蹤天眷立元首神綏釐大東
千年入斯達萬代判鴻濛好古踟躕久西山落照紅

素王宮

空庭垂綠檜赫赫素王宮冕旒衣冠儼巍峩道德隆
升堂陳簠簋入室列絲桐千載斯文盛尊崇萬國同

箕子陵

峩峩陵墓壯寂寂有松楸八教垂千古三仁竟一丘草生翁仲後花發鬣封幽往事無因問孤城暮靄收

永崇殿

閟宮宅敞更清幽於戲 前王仰丕休尊俎豆遵陳禮廡聖文神武謚民謳那知箕子千年地盡屬熙朝萬世丘創業豐功似周室也應地下問洪疇

故城懷古

箕子千年地空餘有古城逶迤綠水繞迢遞碧山橫靄靄雲埋處滔滔浪打聲王公惟設險終不為戎兵

浮碧樓

回磴千尋樓百尺朱甍碧瓦映江潯風光未老年將老雲物無心人有心綠樹夕陽迷客眼碧天新月洗塵襟登臨此日多情興怕聽昏鴉噪晚林

永明寺夜半書懷

一宿寒山寺踈鍾半夜鳴小庭多月色靜室足江聲帝子今何去天孫但有名英雄俱寂寞悟得是無生

入安市城

依依安市城靄靄暮烟橫向北山河壯連西草樹平晴江飛白鳥小郭露朱甍到處心無累吾知得此生

登百祥樓

一杖穿雲渡水来登臨終夕獨徘徊隋兵百萬歸何處江水滔滔日夜哀

七翁仲 入傳云七佛

岸上七翁仲負贔今幾年慣看千古事長立一江邊唐帝親征遼隋兵敗績旋山河渾不變沒脛草連天

薩水

薩水法法去晴川袞袞流晚雲啣落照踈雨送歸舟石瀨驚波響沙洲淺沫浮一聲江上笛吊古剩生愁

渡魚川

春水漲魚川沙頭雙鴨眠無人問前路只有渡溪船

普賢寺

瀟洒元朝寺層峯萬疊圍澗搖山客夢風擺定僧衣
白芷芽初長黃精葉正肥塵寰隔幾許庭院俗人稀

望八萬四千峯

八萬四千重復重峯峯白石間青松北連朔漠野人
境南接滄溟箕子封鼯鼠樹梢驚一叫㺹羊巖畔掛
孤蹤世緣塵慮俱消盡獨立崔嵬搘短筇

上院瀑布

一道銀河垂碧空漱雲飛玉響玲瓏晴天霹靂吹寒

兩平地波濤起晩風半夜蟄龍驚好夢終朝山鬼泣
遙窮上方月落猿啼處慣聽明珠濺石矼

望長白山

長白山連鴨綠波界分夷夏玉崒峩以吾萬里雙青
眼窮彼幾重千點螺朔漠山低平似劃滄溟海闊淨
如磨乘風如可登寥廓直向氷天兩手搓

肅川府使問山中勝景以詩答之 延慶

玉立名巔千萬峯峯峯竦傑有神蹤地連濊貊蒼茫
外雲接淸虛杳靄中朔北標奇惟此壯關西形勝孰
爭雄與公擬結東林社投老歸歟可遇公

宕遊關西錄後志

余自少跌宕不喜名利不顧生業唯以清貧守志爲懷素欲放浪山水遇景吟詠嘗爲擧子朋友過以紙筆復勵鶩鶚猶不干懷一日忽遇感慨之事以謂男兒生斯世道可行則潔身亂倫恥也如不可行獨善其身可也欲從從於物外仰慕圖南思邈之風而國俗且無此事猶豫未決一夕忽悟若染緇爲山人則可以塞願遂向松都登眺故城徘徊墟里宮殿陵墓鞠爲梧楸禾黍寧不感乎又登天摩聖居諸山以觀衆峯巑峭之狀瓢淵湫瀑

之雄而入關西登絶嶺之險涉浿水之波以觀箕
都井田城郭之址宮祠廟觀之壯人物之繁華桑
麻之蓊鬱可想殷之宗子餘風不墜矣由是而遡
薩水之涯入安市之城隋唐攻戰之跡依俙然慘
烈使後之騷人墨客徘徊踟蹰足以激千古之恨
又登香嶺南望渤澥島嶼之縹緲北眺朔漠山河
之險阻坐巖扃伴明月或倚澗邊之石或登巍峨
之峯見松欒參天蔬菌狼籍鳥獸之奇怪草木之
精華皆使我欣然吟哦或題樹葉或書巖崖還于
蓬廬偷然默坐煑茗茹蔬足以遣慮而忘情矣若

吾在宦途欲窮山清翫不可得也而又不能自在
遊戲矣嗚呼人生天壤之間戚戚於利名營營於
生業以困其身如鵪鶉之戀苕匏瓜之繫樹豈不
苦哉是爲志以激俗士時天順戊寅秋山人淸寒
志

梅月堂詩四遊錄

遊關東錄

宿抱川人家

飄然一錫向楓橋縹緲雲山入眼遙遣興且無沽美
酒愛吟時復度良宵孤燈窓外聞征鴈矮屋籬邉看
野燒鄰犬狺狺吠花下客心清悄政無聊

金華路傍樓上小憩

山重水疊路縈迴似入桃源洞裏來小雨新晴摇麥
浪野花初拆引蜂媒仲宣樓上那無賦潘閬驢中正
可咍從此遨遊觀好風景看花登盡幾崔嵬

長安寺

松檜陰中古道場我来剥啄叩禪房老僧入定白雲鎖野鶴移棲清韻長曉日升時金殿耀茶烟颺處爇龍翔自從遊歷清閑境榮辱到頭渾兩忘

表訓寺夜吟

玲瓏樓閣壓清溪巢鶴枝邊月影低半夜蜀禽呼破夢聲聲只在老槐西

正陽寺

伽藍高且敞萬木連天長僧有支遠徒境乃菩提場我来坐方丈峯巒儼而爽玉立百層筍朝輝何晃朗

烟嵐向澄霽詭怪難可狀或如僧逶旋或如仙揖讓
朝霞鮮且潔暮靄翠且深炫耀莫可窮令人清塵襟
禪老峻機緣小欄倚終日話以本色談雜以玄妙說
日暮不能返清磬出禪室

百川洞

百川奔一洞駃注松杉下初疑銀河分復見明珠洒
列巒何杳冥峯巒走萬馬桂樹復連卷幽巖何谽閜
多有神仙迹了無塵凡蹤日晚僧忘歸烟暝山巃嵸

萬瀑洞

萬瀑飛空潄玉花兩岸薜蘿相騰拏明珠萬斛天不

慳出雲錦屛風間快笑仰看雙石矼一洗十年紅
塵蹤

圓通菴

禪境何瀟洒居僧只二三烟光吹不散灝氣冷相涵
地僻乾坤小心清夢寐甘掛節留一宿松月助禪談

寶德窟

銅瓦生衣銅柱高蒼鈴風鐸響嘈嘈寶山巖窟幾尺
聳銀海波濤終夜獅鐵鎖掛空攀嘎嘎雲梯緣壁動
騷騷梵香一禮心無穢疑是仙宮鸞六鼇

摩訶衍

大衍金文萬五千至今留影洞中天婆娑松檜似擎
蓋簪萃峯巒如列仙百劫億生曾有願一身一到此
山前我聞妙法深心禮叢樹林溪次第宣

望高臺

歡甚忘疲上峭峯高低列岳聳層穹奇形禹鼎初移
復性狀溫犀一燭中獅子何年將奮迅俊鷹當日欲
浮空攀蘿若不凌雲頂那識飆嶠氣勢雄

萬景臺

攀危更上最高臺無限奇峯眼底開萬瀑洞中珠歷
落百川崖底玉摧頹火龍似向層空舞玄鶴應從寶

崛回人世難逢如此境傍人且莫苦相催

國望峯

峯高草木被風謾連卷施蔓糺似盤未見初聞稱國望纔登遥覽竦人觀茫茫渤海盈於捥渺渺山河大似彈始信尼丘天下小西江盡吸亦非難

開心瀑

一道銀河落九天和雲漱月檜松邊夜深最愛山中靜晴雨洒空人未眠

萬回菴

精舍傍烟蘿重構歲月深小亭松盖偃矼砌蘚花侵

竹木埋幽徑風泉遶遠林我来留半日淸境稱吾心

松蘿菴

松蘿烟鎖老精舍政荒凉杜宇啼庭樹請看鎖寶房
緬思懷正事因憶觧明方吊古如雲偈禪窓夜更長

巢鶴

蒼崖栖鶴處松老一枝欹蕙帳空時怨芝田秀處嬉
千年華表態萬里碧空思月露聲尤警冲天骨格奇

檜巖寺

古松藤蔓暗相連一徑深深入洞天佛殿尚留三世
火法門今絶五宗禪峥嶸樓閣雲爲鎖牢落庭除草

作氈勝境宛如那爛寺恨無人道祖燈傳

月溪峡

東風峡路惡小雨落梨花江上山如戟巖邊樹似手
人家依渌水馬跡印晴沙棧道何時盡蒼峯日政斜

龍門山

龍門山色碧棲棲寺在寒烟第幾層老鶴獨栖松嶺
月清泉閑澆甬溪藤鍾聲老杜曾深省波影神魚已
上騰我欲駕風凌絕頂白雲堆裏貫青縢

上院寺

古殿香烟合三門獸鑰開庭空喧鳥雀巖老襯莓苔

琪樹日應長蟠桃春自開淡然無外累雅境似天台

神勒寺

梵宮松檜暗藤蘿門外滄洲聽棹歌巢鶴枝邊山月白蟄龍巖畔渚雲多蒲牢遠渡青楓岸金刹遙看白鳥彼薄暮倚闌回首望晩風揺落緑蘋花

宿桐花寺 原州

桐花之山高揷天桐花古寺浮雲烟山中老僧自有趣卧看白雲生翠巔怡怡春日煖可人山杏吐蘤梅始仁澗底芹芽嫩如絲采采行厨蔬盤新遨遊萬里秋復春野鳥啼處山花嚬東望青峯倚碧天嵐光滴翠

空嶙峋世間萬事屬春夢我向五臺尋隱論仰天大笑浩然去我輩豈是虫臂人

原州途中

春風一錫向関東路入原州烟樹中公舘人稀車馬少長亭雨過海棠紅十年道路雙鞋盡萬里乾坤一橐空詩思客情俱攪我況聞山鳥語花叢

雉岳山

雉岳崢嶸聳碧空烟霞明滅有無中一泓春水莓苔滑千丈蒼崖躑躅紅路轉層峯殘雪在巖廻石棧晩雲濃青山處處行應好脚力有窮山不窮

大和驛

客路多迢遞蒼峯慾殺人斷橋官柳暗古道野花嚬
瓶錫千山裏江湖一隻身白雲閑適態曾是舊雷陳

珍阜驛

去去春山裏春山花正濃一瓶擎一鉢瘦影荷邊筇
人家烟澉澉驛路草茸茸何處堪眞隱碧峯千萬重

月精寺

古殿香銷春晝長重重花影在東廊上方松偃僧來
寺禪室客稀雲度墻珠網玲瓏寶樹天花縹緲落
覩來仙山逈與人寰隔顧學青囊飡玉方

上院寺

亂山疊疊水迴迴中有祇園紺宇開天淨瑞雲騰燀爍地靈嘉草孕胚胎香熛斑剝薰金殿泉液淋漓釀紫苔最愛橋樓明月夜數層峯裡杜鵑哀

中臺

虛閣玲瓏鎖紫烟庭花爛熳草芊綿優曇瑞萼數三界無頂祥光射九天風過焦桐聞梵語雲低金甕降眞仙磬聲遥與松聲合宣說如来不二禪

西臺

廣長舌相本非身金色如来假也眞山色蘇仙曾有

偈松柯葺偃已傳神子筒淨水逍如玉瑞應香花大
似輪髣髴衆峯雲影裡天姝衣裓供請晨

南臺

麒麟峯色碧摩天菩薩巍巍頂相圓歷歷金鈷搖月
下飄飄毳服颺雲邊花數蓮界香成雨雲布金沙福
有田今夕喜叅弘願海一龕燈下坐觀禪

東臺

雙竹叢邊大士身元来不住寶陁山悲心長救微塵
界願力幾回生死關雨臉冊如霞半點雙眉曲似月
初彎圓通門户何曾閉只在輸誠一念間

北臺

象王山色倚天端繚曲幽深氣鬱盤麟部獨棲雲片片羊車單駕月團團石床平處苔花點巖溜飛時瓊屑寒人世幾回風浪惡不如來占一層巒

大嶺 此嶺以東稱嶺東以西稱嶺西

大嶺雲初捲危巔雪未消羊腸山路險鳥道驛程遙老樹圍神廟晴烟接海嶠登高堪作賦風景使人撩

丘山驛

驛亭依小巘花木更清幽麥隴將雛雉桑巔逐婦鳩年光隨處好歲月苦奔流耐可從仙侶看窮海上州

江陵

鷄犬連鮫市桑麻接海門腥風吹晩浦漁艇返花村

啖竹筍

生長京都又此遊初看新笋迸猫頭披烔曉折連根脆帶露宵抽挹籜柔却喜今朝叅玉版還愁明日化青虯不妨嶺表長爲客飽飫琅玕一味羞公上柳襄陽書曰僕乙卯年生京都泮宮之北

文殊堂

寺在東溟碧浪涯野棠花裏鳥喈喈白沙翠竹客相送青海黃芽風正飃古佛有靈能善幻居僧無事坐

清齋禪宮亦似人寰變古砌草荒雲半埋

白沙汀

依依烟樹似雲屯沙軟風輕十里原島影正同雲影沓松濤長伴海濤喧烟開鯨口波聲壯日射鼇頭曉色暾汀畔白鷗閑似我忘機相對美春暄

寒松亭

海風吹斷浪滔天松作雲和意外絃敗砌草埋狐兎過野棠花落鷓鴣眠神仙舊迹桑田變塵世浮生甲子遷獨上高亭回首望蓬萊島在五雲邊

鏡浦臺

萬里扶桑望眼賒蒼波淼淼醮朝霞秦皇謾愛三山藥漢使空浮八月槎白浪滔天鼇背拆紅雲捧地蜃樓斜從今陡覺仙遊壯杯視東溟碧海涯

途中

關東山巳盡南國月初圓眼底峯無數腰間錢又纏長年席不暖竟日肺生烟遊歷何時遍團芽息萬緣

宕遊關東録後志

我國地雖偏狹山水清麗達人君子之所景慕者也夫子欲居九夷至有俗語中國人云願生高麗國親見金剛山以其泉石蕭爽可滌鄙悋之胸故

也余自関西又入関東遊金剛五臺以尋形勝山
形奇詭溪色玲瓏以至開心之飛瀑楓嶺之白石
鳴㵎之渟泓皆可洗人心目而洞深樹密俗子罕
到則五臺為最又江陵東域鏡浦之臺寒松之汀
乃仙者之所曾遊嬉處也適是日雲收風止天清
海淨鏡空無際極扶桑之隅壯心目之觀以吾身
擬之正蘇子所謂寄蜉蝣於天地渺滄海之一粟
者也所恨為同伴所牽不能遡遊國島三日浦叢
石亭後日重遊必先見此以愜余今日之懷死亦
足矣所謂浮雲蹤跡倏忽西東故致然耳庚辰秋

九月清寒志

梅月堂詩四遊錄

梅月堂詩四遊錄

遊湖南錄

宿參禮驛

半生長以路爲家萬水千山眼底賒孤館夜深看好月小庭風過掇殘花雲收碧骨波如鏡雨過金堤麥始芽闢道海濱秋不老澗邊綠草細鬖鬖

鶯谷驛

棲鵲查查遶竹林驛亭秋暮惱人心一聲嘹喨江邊笛何處丁東月下砧玉露正溥蛩韻切金風初起客情深旅窓燈下淸無寐時聽征鴻寄遠音

宿龍崛

小洞雲烟合寒巖草樹深蕭森風竹爽断續晩蟬吟
湖海三年客雲山一夜心上方清似水雅合撫瑤琴

靈光郡

傍海皆城郭人家近水村竹藏蕭寺路花暗郡齋門
麥浪風前軟溪流雨後渾湖南春已遍惱殺遠遊魂

山犬暮吠 邉山有犬適入岩穴經年不出

狺狺山犬吠巖窪雲返松関日已斜狗亦有心忘物
外世人何不避喧嘩

登古阜城

古阜城西斜日低海天無盡漾玻瓈律湖波淨浮鷗
鴈荒壘烟收動鼓鼙邊塞絶烽傳箭少巖園無稅貢
科低登臨且喜吾 王化鷄犬桒村人醉携

崔安撫使来訪居山寓舍因贈 景禮

泮宮東北舊親隣千里南州訪一身蝸舍秪今無恙
否過墻紅杏已生仁 公之生也泮官人皆夢孔子生諸生盡詣于其家也

全州

甄萱舊邑是全州牢落風情萃一丘古壘夕陽荊樹
短新亭春雨麥香浮掛弓平壤心何壯捐劒黃山意
尚憂麗濟相爭何足議 龍飛當月大搘秋

南原廣寒樓上聞笛

客舘蕭條車馬稀小樓高壓夕陽輝一聲長笛人如玉恰是姮娥奏羽衣

安愼院

風樹踈蟬咽晩凉客中秋興正茫茫老從頭上旋旋過人向塵閙日月忙智異尖峯高插漢帶方踈樹老經霜此身正似浮雲遍將向天東望大洋

八螺峴

逶迤山路少人行枯樹斜陽動客情老豹亡曺啼曠野霜鷹趁兎下危棚半身落日歸辰樹（嶺東即新羅辰韓地也）

一片高峯隔帶原（南原即古南帶方小京）坩路秋風正蕭索旅䰟飄泊似懸旌

雲峯縣

小邑傍山麓人烟隔翠微洞深唯菽粟途遠絶來歸霜栗風前落秋菘雨後肥逕深蔓草遍夕露浼征衣

望智異山

穹崇高岫遠摩天水色山頭籠薄烟聖女祠前巢後鶻靈神峯下迸祥泉經霜紅楴明山谷弄日烏鵶噪野田此是濟羅爭戰境夕陽峯靄翠相連（水疑作澗）

咸陽

秋風萍泛度咸陽滿眼山川入渺茫螺嶺殘雲迷客思頭峯老樹惱人腸劉滄風景恨無盡許渾蒹葭愁復長彷彿似秦關隘險三韓終不守金湯

海印寺

古伽倻裏蔚伽藍千里雲山對面參鳥下庭莎僧入定狙垂園樹樗羊矢東方甘書嚴暮閣何人住即孤雲所遊之處風伯桐孫偶共談客裡計程仍不寐夜深蘿月照松龕客有題于毗盧殿欲識華嚴不思議看取毗盧金殿上桐孫風伯作擅那四時不絕聲供養

宕遊湖南錄後志

余旣遊關東又抵湖南喜見老梅踈竹冬栢猗蘭

橘柚秋熟檉栢冬青亦一勝觀也至於柿栗薑綿
海國諸珍乃百濟所賴以富者也其泉石之勝盖
蔑如也湖則碧骨律湖今已涸矣而所謂者汚萊
數頃而已且居民之實物產之富倍蓰關東此百
濟之所恃以强而所驕以亡者也至今民俗强悍
見鬪則不能屈下思欲圖報此百濟之遺風也但
聖化融洽仁澤滂沱海隅蒼生罔不繫庶既富方穀
人人進學變强剛之俗為孝悌廉恥之域代出良
村世輔　王室邊境無虞狼烟頓息此　聖朝
至治之一瑞也癸未秋請寒志

梅月堂詩四遊錄

遊金鰲錄

禪房寺 已爲閭閻唯一殿址坼獨存

古寺無僧寒殿開滿城風雨捲垣頹鼠穿敗壁猶無迹狗踏空庭佛不猜墻畔麥壠芒甲細砌邊杞實乳光魁興亡便是無窮事今古推來眼屢回

興輪寺址 盡化閭閻唯古槽鑊獨存

麥秀漸漸擁故墟舍人功業竟何居至今鷄犬喧齋粥便是當時誦佛書

石槽遇困鑊辭炎殿閣餘墟化里閭俗古施僧僧施

俗輪回報德亦無嫌

戲黃龍大像 唯一銅像獨立丘上

銅人屹立向丘原興廢從來欲不言周主若逢遭壞
刼刹他何似勿遭寃

戲宴坐石 末來佛設法宴坐之石乃孟浪之言也今為火所燒坼裂

宴坐何年説密嚴 經名 一遭火刼上頭尖末來若踞漸
漸處説法還應意不恬

登靈廟寺浮圖 唯一木浮圖獨存

三朝文物竟無功天淨雲開今古同締構千年人換
世 創已九百餘年 興亡百代草連空月城烟樹收殘靄蚊水

晴波送去鴻何處最堪添客恨壞垣春雨草芃芃

月城懷古

捽潦扶踈生野烟千年文物想依然人非事去山猶在花落鳥啼春正憐狼狽南宮秋索索投降北岳草芊芊悠悠往事如莊夢問着漁樵殊惘然

鮑石亭

秋風葉落草離披曾是羅王宴樂時高爵安知尉甫入公山誰識六龍疲野花開盡傷心樹山鳥啼多恙恨枝石鏄小溪鳴咽咽聲聲千古替人愁 愁疑作悲

五陵

梵宮南畔樹相糺云是新羅眞祖丘世遠已無碑碣
在人稀唯有兎孤遊閟宮明肅陳籩豆黄壤蕭條列
梓楸生死百年終古事不須惆悵倍踟躕

敬順王廟（在淨壽院古寺虛閣放一官隸後歲奉其祀州吏行之見之慘惻）

天命人心既有歸王公來日出郊畿一身去國誠如
脫宗子傷亡蓋已非寶馬香車迎寵錫觀光順化納
賢妃雖然古寺香燈冷但見黄昏蝙蝠飛

雞林（即始林也）

昔氏終年儲貳亡天鷄金櫝降禎祥剖來岐嶷神兒
出主鬯幹蠱家業昌

天柱寺看花 即新羅王內佛堂也今帝釋院也國人歲植名花于庭以獻祈福近時僧盡掘

春半庭花落又開看花猶自費吟來東風可是無情物狼藉嬌紅點綠苔

安夏池舊址

鑿池爲海長魚螺引水龍喉勢岌峩此是新羅亡國事而今春水長嘉禾

集慶殿

麗祚將亡日吾　王倡義時納言猶不聽負命向何之渡鴨軍心苦來蘇民怨奚垂　恩億千載稽首拜

形𡏖

問瞻星臺

高臺卓犖接穹蒼歷歷乾文一望詳此是仰觀修德器如何負屭贔故城傍

代瞻星臺答

周有靈臺赫賈亡則天曾自立明堂時君不省乾文變非是由吾致禍殃

探梅

大枝小枝雪千堆温暖應知次第開玉骨貞魂雖不語南條春意最先胚

魏紫姚黃摠有名繁華定被得春情那知阿堵心貞
白不與世人高下評
夙閫貞潔最多情不與東風紅紫爭一見孤山心便
許由來行誤曩時名
大枝蟠屈小枝糺一榦斜橫杜若洲清影若非三五
魄平生描得定無由
色耶香耶聖難知月下精神便是奇仔細辨來端的
處無情淡色被香欺
雪路尋君獨杖藜箇中真趣悟還迷有心却被無心
使直到參橫月在西

孤山兩句得精神數語可驚千古人踈影暗香雖得
骨未知寒蘂獨清真

栢栗寺樓登眺

揄枌高低生白烟人家僧寺比相連水聲西逆市朝
變山勢北嚮文物遷昔氏祠邊空有月哀公陵畔自
無田悠悠成敗皆如此秦得成周八百年

夫子廟

孔庭松檜翠含烟天祐斯文幾百年浮海夙心今不
奭三韓東域祀明蠲

庾信廟 新羅將

馬鬣封幽花草深夜風呼號白楊林九原後却英雄
辨埋着征西不死心

賓賢樓

張侯設席宴嘉賓仙樂迢迢禮義陳百拜傳觴醺有
德三辭中鵠力非真交歡捉轄元非法爾汝忘形豈
必遵醉罷下摟扶上馬花間斜倒接䍦巾

故城址

彷彿逶迤有故城橫圍斜斷後榛荊至今流水無情
物訟作隍池引向平

蚊川

蚊水汯汯遶古京淘汹西下細無聲還如敬順歸王化卸甲投降不敢争恰似敬順王歸化高麗之心故云

東亭翫月對友

此夜東亭月正圓異鄕節物倍依然滿庭黃葉無人掃一道川聲擾客眠莫語前朝情感慨且看今夕桂嬋姸天涯飄泊行裝淡只有詩囊背後懸

芬皇寺石塔

石塔正嶙峋仰看難躋攀層層春草長級級鮮花斑空洞元無佛訶撝像似蠻悠悠千古事不及一炊間

東川寺看四季花

四季花之長春者也京都地寒雖藏於暖處猶且冬萎南國地暖栽於露地經冬不彫得暖日蓓蕾綴萼及冬至後枝枝盛開可喜也此花在寺佛階前看時正月也

日暖風和春晝長膩紅千萼透羣芳南方不借栽培力晴日煦嫗即艶陽

南亭

緑樹陰陰遶一亭蚊陽芳草檻前青一鄉斯友琴棋散時有清風撼四櫺

奉德寺鍾

二姓既已沒金氏方主張末葉九三代墨胡来西方
因緣禍福說求謁法興王創寺與闍信冀作民津梁
厥後惠恭王營寺東川傍拈提久莫量鍾大逾魯莊
豈無曹劌諫只緣喜天堂寺廢沒沙礫此物委榛荒
恰似周石鼓兒撞牛礪角府尹金公談政平無訟牒
斯出餘慶心置之靈廟側巨物神所撝千古不可得
雄雄巨壑響隱隱吟蛟鯨慶州邊圉地士卒千其名
域廣山又隔其用宜叢兵懸簴鎮一鄉人慕公之明
我來讀其銘可想千古情撫之一太息工媸非所評

佛國寺

斲石爲椽壓小池高低樓閣映漣漪昔人好事歸何處世上空留世上奇

春宮隋殿魏招提剩得當時俗眼迷人去代殊俱寂寞夕陽唯有老烏棲

金氏陵 即閼智大王陵

千章木裏若堂幽想像當時德義修藤繞石床無一酹他生那似此生休

車公墓 新羅相

水遶荒墳一面淫千秋故事可堪尋是後人定到無尋處落日風吹菴蔔花

善德王陵

君不見呂氏憑陵漢室時漢室岌岌嗟將危又不見
武氏鴟張唐帝家唐家功業終紛拏由來哲婦必傾
城婦有長舌厲非輕新羅女王名善德治則莫聞崇
怪慝一生好事無與比大喜浮屠神異事死猶不悛
瘞兜率狼山之南神所室馴致新羅自滅亡只緣佞
佛爲濫觴而今原野有培塿萑葦叢中狐兎走百年
後事但留名遺臭遺芳人所評但得功業一生足衣
薪棄野亦不惡

月城堂

日落青山簫鼓鳴邑人携酒自將迎悲風古木鳴鵰鶚秋草荒庭閒瑟笙千載英名同鳥沒一時靈迹爲妖生神遊古國邦無恨蚑水城頭長老樫

天王寺址今爲人家

文豆婁法出西天神印宗源自朗傳明信一期雖幻得明信卽左氏語不知玆事可安邉

北川金周元公址

元聖周元相讓時北川霖雨漲無涯夷齊太伯邦專美千古江陵有舊祠

天龍寺感舊

齊顏二女號天龍爲祝延齡作梵宮往事已成塵土
夢空餘山鳥自呼風

大櫓院懷古 即南郊距鮑石亭二三里

禾黍離離原野長高低隴上散牛羊南郊昔日人扶
醉粉黛金釵十二行

謁舍那大像

誰斲蒼崖勒偉人覩模員贔露全身霞衣霧服渾無
管閱世興亡經幾春

登東山嶺望海

東望扶桑縹緲中海天無際思無窮鯨波淼淼涵朝

日鼇龜背茫茫隔遠空世上不聞丹竈驗人間唯見白頭翁牛山何必流寒淚生死興亡今古同

居茸長寺經室有懷

茸長山洞窈不見有人來細雨移溪竹斜風護野梅小窻眠共麂枯椅坐同灰不覺茅簷畔庭花落又開

種梅

輪囷老幹未開花先護根荄長細芽不識明年春雨後幾枝綴蕚幾枝斜

黃龍洞

一入黃龍洞烟霞愜所聞路深唯見獸地僻不逢人

溪草和烟碧江梅獨笑春相携訪僧舍禪境政無塵

種薔薇

帶土和根二尺強嫩紅深綠孕春芒他年相對荼蘼下爲有籠烟一架香

種栢

種汝殷勤護北林憐渠長有歲寒心他年且有凌雲榦莫惜因風傳好音

種杉

東風長汝歲寒枝雨露偏承一尺姿種我空庭仍培土煩君莫屑衆芳欺

護筍

春風喚起籜龍兒抽錦穿苔个个癡揷棘編籬防獸觸明朝應見碧參差

洗竹

小園脩竹略教洗叢十琅玕一路賒吟嘯一生看未足顛言長伴子猷家

寄朱上庠 繼楨

城南松栢是吾廬城北梅篁即子墟春雪始融梅半吐我將乘興訪肩輿

雪竹

雪竹參差壓萬竿夜來和雨敗琅玕明朝霽後應還起拗折相扶可忍看

養茶

年年茶樹長新枝蔭養編籬謹護持陸羽經中論色味官家推處取槍旗春風未展芽先抽穀雨初回葉半披好向小園閑暖地不妨因雨着瓊蕤抽字恐非也

摘菘蕈

蕈花因雨濕鬖鬆蕈笠初抽氣味濃熊掌猪雞當避席金虀玉糝抗塵容偏宜山舍僧厨粥那及官家禁肉饔作腊作羹俱不厭秋來爲蓄禦冬供

贈栢栗契

故人修禊卽香徒千古蘭亭以此娛生死已期要實約因緣何必學浮屠花前有酒相呼飮患裏無錢勸聚扶此是舊都仁厚事其餘閑事子知乎

栢栗寺參玉皈師

吾聞玉皈師善說諸法要人人飽禪悅道果期非遥栢栗在城北石路何迢迢松門實瀟洒熱惱來旋消南方夏五月溽暑蠻烟焦結友數十輩參請離煩囂師言歷世人色味爲熏歊若欲離此苦先集我琳條萬尋簷汝體分賜均圭刀耐雪產淸風細篩花月朝

一丸沉痾痊二丸磊塊澆三丸吃不得唯覺兩腋風
蕭蕭又有久鍊積功嬰兒在佐我玉皇胸宇寥廓冠
嵳峩作標準錦袍錯落盤黃鶴塩梅調鼎已多時蘇
汝下民飢渴膲既到此間且試嘗四大法味當薰饒
衆集頂禮信受奉智慧釰斷悲火燒飽卧山房風竹
樓五更落月沉山腰始覺老師方便多企望他日冀
見招

月夜聞玉笛 新羅舊物

誰橫玉笛暗飛聲散入秋風百感生詞腦調高雲湫
湫羅侯歌緩月盈盈霜粘鮑石衣冠盡木落雞林星

斗明不是欲吹膓断曲故城清夜更関情

塔寺壊圯城中以石像為橋者頗有之

幾年故國作津梁疲困還應卧路傍更欲化橋拯墊
溺人人騎背走踉蹡

餅奉寺看梅

香魂玉骨最閑姿占得孤山兩句詩古寺前頭春雪
遍相逢清韻有誰知
輪囷枝幹曾無恙五蘂三花个个開寄語東風莫相
惱明朝扶杖試重来
桃李花開酒滿斟探春士女着春心何人水際山巔

裏蓑杖芒鞋冒雪尋

蘘荷

春前莖嫩堪爲菹秋後根肥可作葅色味香濃人不觧周顒曾亦未逢渠

看雪

六出花從空裏來開窓閑卧看低回觧傳天上無香蘂能點人間不種梅東郭拖貧循路去子猷乘興漾舟回老夫無事圍爐畔拈却陶公茗一瓯

把茱萸 九日

更把茱萸仔細看今年何似去年歡秋風不觧人間

鬢纔著霜華拭不乾

北㭿寺看牧丹

山人端合卧青山風雨蕭蕭獨掩關爲有機心猶尚在看花終日倚欄干

石崇金谷後荊榛元載胡椒已作塵千載汝能誇富貴天香錦彎自精神

百花搖落溷青泥春盡江山草樹萎小檻嫣然嬌未足免教羣卉刺頭題

國色天香世共知檀心不語爲誰悲生憎過客風流少輕喚花王作小姬

庭中紅柹

火龍遺卵著霜枝千顆香甜个个垂名取麂心疑近俗味同崖蜜似輕欺可堪勿摘經冬看只好莫傷雖手嬉秋後閑庭和日看也宜七絶特稱伊

摘野果

芉矢可堪霜後摘楂梨宜好雨中嘗南洲九月秋風老酸澁青黃味味香

海堧

海乎汲復轂天闊望中寬蓬島疑請淺扶桑可躋攀漁家四五點斜日兩三竿故壘寒烟濕邊聲晝角殘

島夷居

濱海為生刹茅茨數十家性躁漁艇小俗異語言耆鄉遠青天際身棲碧水涯來掞王化裏　主上正矜嘉

與日東僧俊長老話

遠離鄉曲意蕭條古佛山花遣寂寥鋏鑵煑茶供客飲瓦爐添火辦香燒春深海月侵蓬户雨歇山靄蹊藥笛禪境旅情俱雅淡不妨軟語徹清宵

太和樓

高樓直望島夷洲詭海無邊日夜浮天闊更無塵半

點林明時見橋千頭倚欄西望鄉關遠題柱東遊歲
月遒行遍三韓來絶域相知唯有一閒鷗

圓覺寺落成會

余於乙酉春卜築金鰲山室若將終身三月
晦孝寧大君以從馬召余曰 聖上重新古
弘福寺命名圓覺僕驚于 聖上 上命召
赴慶會匆匆逆來赴余於是慉然改曰勝會不
常馳賀便回以終餘年翹日上京以參嘉會

給園初敞市街前 聖曆鴻圖萬萬年誰信逸民參
盛會五雲朶裏喜周旋

受 契券 御製

雲漢昭回渙汗如綍泥黃紙降形除撥飜佛法尭天
近悏廓王綱舜日舒覺鑑豈能容易説聖恩難以語
言攄幸逢 慶會中華祝 聖録千千萬萬餘
上将 還宮引見賜言 命居此余其時無心際遇
聖明唯以泉石遨嬉爲志居京不數日而遂行至于
中路 上召之再三以疾病謝不赴還于故山
其辭退詩與中路再辭詩録于左乙酉秋請寒詩
乞還山呈孝寧大君 時権滯於京因大君之拘留也
蒙 恩初下九重天荆棘難堪捧瑞烟渙汗 聖言

雖至遲膏肓臣疾實難痊五更客夢勞於草一點歸心亂似綿遙想故山千里遠碧峯明月幾重圓

憶故山

金鰲峯下是吾廬筍蕨香肥饒野蔬蒓鱸越吟心更切季鷹秋思意何如故山梅杏已黃落客舘槖囊無貯儲東望水雲千里外水雲深處可歸歟

一所親貲財盡買圖書還故山

十年藜莧慣吾腸天廚珍羞豈可常名譽損人宜退屈清談喪志莫承當親錢已納校書閣餘貨更賒工畫房芋栗滿園無恙熟與狙分作一年粮

半途復 命台固辭陳情詩 并引

小臣既隱鰲峯甘分寂寞忽奉孝寧大君書內兼奉 聖旨不敢以疾病辭馳賀盛會浩然將歸再蒙 聖旨惶悚無地但以臣夙遭罪釁慈母早背幼失鞠育之恩守墳奠祭苦塊依制遘此宿疾每於寒熱輒復增劇初欲遊山翫水報 聖上水土之恩年才立歲膏肓迫身不得遂願是可憐也且南方地暖僅可安軀已結茅茨已養沉痾者有年及蒙 聖擢載懼載感受 命如京然隨例受 恩

既僭越吾分而疾病之軀安得勉强動止也
故不敢承 命扶輿起卧行至半途伏乞許
嚴光長往之抗節蒙懷璉遂閑之明詔曲憐
垂慈棄置山野噫草芥塵土豈能補太山之
一阿潢汙行潦不可加巨海之一漚謹攄微
懷仰塵 聖鑑

圖南欲下半山廬 聖詔殷勤復返車萬里歸心同
逐梗一團旋計似泡魚微臣豈敢掛冠去病轎只隨
連舸書偶獲 霈恩令遂志揷香長祝 五雲居

阿火驛早行望參星有感

曉雞喔喔鳴一聲出門策馬行長道林深月黑路無人但見參星明皓皓啾啾喞喞草虫鳴征衫濺濕溪邊草十年奔走杳如夢只有囊中千首藁而今老病被他牽却恨孜功苦不早莫將聲利掛胸懷歸去食汝園蔬好

遊平海越松亭

春風駘盪越松亭海碧沙明十里汀一望平原無限思燒痕草色更青青

登望洋亭看月

十里沙平望大洋海天遼闊月蒼蒼蓬山正與塵寰

隔人在浮黎一葉傍

宿神光縣法廣寺

古壁丹靑剥經營歲月深鳥啼人正靜花落葉成陰芳草沿階綠淸風入樹陰別峯啼謝豹忽起故山心

一陰字似非

宿蔚珍聖留窟

窟前春水漾苔磯巖後山花映落暉更有一般淸絕味夜深巢鶴警人飛

望羽陵島

玄洲蓬島飽曾聞思欲仙遊謝世氛人說羽陵堪避

隱登高試望渺如雲

海岸有石峯高聳而頂平上有白沙萬年松纏繞峯腰石罅異草數叢海棠爛開亦一佳境也賞翫久之因宿其上

海濤咀嚼似奔雷嘎嘎沙禽去復回明月滿汀淸不寐此身疑已入蓬萊

慶尙淸河縣初見杏花至江原三陟山村寒梢蕭索到旌善復見杏花初發

淸河初見杏花開巖嶺枝寒尙未胚旌善又見花爛熳一元猶有兩般才

自居金鰲不愛遠遊因之中寒疾病相連但優遊海濱放曠郊壄探梅問竹常以吟醉自娛辛卯春因請入京壬辰秋隱城東瀑泉精舍卜築終年云癸巳春志

梅月堂詩四遊録

梅月堂詩四遊錄別集

紀山名

雨洗瘦皆骨烟收露五臺香峯桂子落雪嶽玉簪開
長白遙無聳頭流壯且魁名山窮眼界不必往蓬萊

紀地名念昔遊也

大同曾北渡薩水望歸舟鴨渡遼天遠魚川香嶺浮
樹平豆滿野波闊老江陬浴下晴川口關西一葉秋

右關西

臺嶠青萬疊楓岳白千層國島波雷壯叢亭石柱稜
沙明三日浦苔蝕六書陵渤海連天闊三山藥可仍

嶠或作峯

右關東名山

律湖秋水蒲碧骨曉雲平望遠山無等程遙谷有鶯

香秔豊沃講霜橘映長城導海南遊處珎山玉果榮

右湖南

慶州已經廢安東曾避戎清河逢聖瑞際海遇不同

真寶山河固玄豊德化隆醴泉流湛湛珍貝到龍宮

右嶺南

多山川險谷而境壤戶口繁夥人才頗出

憶故山

棲迹王畿已有年故山歸夢正依然雲收鼇背千重岫風定鯨波一葉船長有梅心懸眼底可堪蕉雨滴窓前春來筍蕨年年長應有英靈待我旋

懷東都

故山猿鶴思依然清夢頻驚已數年日射鼇頭峰展畫烟開鯨背浪滔天自緣身病不能去無復世情相累牽歲暮欲歸歸未得碧雲秋樹月城邊

與四佳亭阻隔已久探箱得詩遙憶彌多因和其韻

采藥山中春復秋一身無喜亦無愁遙知六街驅馳

者不覺紅塵沒白頭

相逢又是一年秋北樹東雲十載愁悵望鷄林更回首鰲岑渺渺碧天頭　剛中

偶題

圖書只在故山房千里遥程意渺茫朴氏舊城多野草崔公廢宅有脩篁歸心政似揺揺旆留恨還如咽咽蛩東盡裝包乘小艇松柯東偃蔭苔墻

題金鰲新話二首

矮屋青氊暖有餘滿窓梅影月明初挑燈永夜焚香坐閑著人間不見書

玉堂揮翰已無心 端坐松窓夜正深香揷銅甁烏几
淨風流奇話細搜尋

吾廬

從來吾亦愛吾廬野性偏宜水竹居問字僧來隨説
字授書人到勉酬書溪流淺碧迷芳草山色蒼葱擁
古墟遠矚遐觀皆自得吾廬佳興足瀛壺

病劇不能赴程還山

將向東都路數千故山松竹尚依然維摩有疾元非
疾蘇晋逃禪豈愛禪茶可澆腸斟酌飲病能省行鷰
取愁乾坤一箇長亭耳那有東西我欲旋

和還江陵夜行途中

金鰲月夜探梅途中作

夜黑鵂鶹啼林壑何窅冥少焉山月上欣然愜素情
尋梅不憚險策杖披榛荊巖回苔蘚滑松偃清陰生
東風尚料峭映林殘雪明因懷林處士恨不如屈平
西湖二十年潔身忘彙征丈夫委其身不用當躬耕
佩蘭守勁節釣名徒自縈我知賢達人千載無完名

和為建威叅軍使都經錢溪

憶彼鰲峯遊訪舊友以寫我憂

不見圖書久歲月憂愁積遊訪寫幽憤歡欣如宿昔

誰知遼天禽窺雲刷六翮病骨作樊籠路遠山川隔
終恐懶讀書老去作人役故友斯文舊鎖窓看周易
我来問其義一一詳辯析願子復觀玩守節个松柏

和還舊居

夢到山房

昨夜夢金鰲峯上啼催歸山房冊在床喜極情嘶悲
山川宛如昨故舊人半非覺来審繹思終恐多忘遺
一一記冊邊情恍多依依書爲夜所夢各以其類推
平生味聖言恊夢非吾衰遲恍黃卷師倚門其可揮

山居集句

糲飯藜羹飽即休 拙菴 無思無慮混時流 南明泉 吾生
也似梅花淡 放翁 愛月吟風不下樓 梅塢
坐到心清有妙香 陳藏一 梅梢横月欲昏黄 秋崖 年来
心定無閑事 秋江 清梵鎖聲竹閉房
紙窓窓上月徘徊 南峯 我欲無詩奈此梅 王建 賴得
月明留瘦影 平洲 就中描得一枝来 月山
山杏溪桃續續開 放翁 滿庭鳥迹印蒼苔 涑水 春来
無以消長日 同人 花木成蹊手自栽 荊公
白石溪邊自結廬 曹唐 野人籬落豆花初 李郢 可憐
荒歲青山下 盧綸 穀雨乾時偶自鋤 同人

一室無喧事事幽 龔美 小軒風露一簾秋 放翁 闌干

立到斜陽盡 竹溪 天上銀蟾曲似鉤 石屛

子規枝上月三更 崔塗 睡起東窓一榻橫 放翁 欲睡

不成還獨坐 同人 新梅嶺上鷓鴣聲 李郢

半窓圖畫梅花月 陳成之 梅不飄零月不虧 許子文 明知

花月無情物 蔡君謨 那有心情問客誰 秋江

江梅欺雪樹槎牙 鄭有極 賴有知心是素娥 放翁 疎影

暗香猶昨日 徐抱獨 小窓和月嗅梅花 陳叔弼

行盡江南數十程 杜常 交遊昔歲已凋零 韓經 欲談

舊事無人共 放翁 溪上虛堂一榻橫 同人

書卷紛紛雜蠹囊 陸游 倚床自炷水沉香 虞伯生 紫雍

草屋無人問 顏萱 密雨斜侵薜荔墻 柳柳州

成化戊子冬居金鰲山雪夜擁爐寂無跫音風竹蕭騷有延予之趣因與山童撥灰書字集古人句有當於山居之味摘成一律仍集百詠與好事者共之丙申夏碧山清隱志

梅月堂詩四遊錄別集 終

계명대학교 동산도서관 소장 『매월당시사유록(梅月堂詩四遊錄)』에 대하여

박 철 상 (고문헌연구가)

1. 저자 및 편자

『매월당시사유록(梅月堂詩四遊錄)』은 기자헌(奇自獻, 1562~1624)이 김시습의 『매월당집』에서 관서(關西) · 관동(關東) · 호남(湖南) · 금오(金鰲) 네 곳의 유록(遊錄)을 뽑아 엮은 책이다. 『매월당시사유록(梅月堂詩四遊錄)』의 저자인 김시습(金時習, 1435~1493)의 본관은 강릉(江陵), 자는 열경(悅卿), 호는 매월당(梅月堂) · 동봉(東峯) · 청한자(淸寒子) 등을 사용했다. 법호는 설잠(雪岑), 시호는 청간(淸簡)이다. 어려서부터 신동으로 이름을 날렸으나 수양대군이 단종(端宗)을 밀어내고 왕위를 찬탈했다는 소식을 듣고 승려가 되었다. 이후 전국을 유람하며 방랑의 세월을 보냈다. 잠시 세조의 불경언해 사업에 참여하기도 했지만, 다시 경주 남산으로 입산하였다. 1481년(성종 12)에 환속(還俗)했다가 다시 방랑길에 올라 충남 부여의 무량사(無量寺)에서 사망하였다. 그는 절개와 탁월한 시문으로 당대를 풍미했으며, 1782년(정조 6)에는 이조판서에 추증되었고 영월(寧越) 육신사(六臣祠)에 배향되었다. 이후 지금까지도 충절의 화신, 시대의 비판자로서 많은 사람들의 관심을 받고 있다. 저서로는 우리나라 최초의 한문소설인 『금오신화(金鰲新話)』를 비롯하여 『역대년기(歷代年紀)』, 『임천가화(林泉佳話)』 등을 남겼다. 이 밖에도 그의 저작들은 사후 『매월당집(梅月堂集)』 · 『매월당시고(梅月堂詩藁)』 · 『유관서관동록(遊關西關東錄)』 · 『매월당시사유록(梅月堂詩四遊錄)』 등으로 간행되어 유포되었다.

『매월당시사유록(梅月堂詩四遊錄)』을 엮은 기자헌의 본관은 행주(幸州), 자는 사정(士靖), 호는 만전(晩全)이다. 1590년에 증광(增廣) 문과(文科)에 급제하여 좌의정에 이르렀다. 선조가 세자 광해군(光海君)을 폐위하고 영창대군(永昌大君)을 세우려 하자, 이를 반대하여 광해군을 즉위시켰다. 1614년에는 영의정이 되었고, 1617년에 폐모론(廢母論)이 일자 그 부당함을 간언하다 문외출송되었다. 이후 이괄(李适)의 난 때 일족과 함께 몰살되었다. 후에 이원익(李元翼) 등의 상소로 복관되었다.

2. 편찬 및 간행 경위

『매월당시사유록(梅月堂詩四遊錄)』의 간행 연도는 명확하지 않다. 1620년을 전후하여 목판으로 간행된 것으로 보이지만 정확한 간행연도는 알 수 없다. 『매월당시사유록』의 편찬에 관해서는 김휴(金烋, 1597~1638)의 『해동문헌총록』에서 처음으로 언급하고 있는데 가장 자세한 기록이기도 하다.

> 기자헌(奇自獻)이 『매월당집』에서 관서(關西)·관동(關東)·호남(湖南)·금오(金鰲) 네 곳의 유록(遊錄)을 뽑아 한 질로 만들고 여기에 매월당의 화상(畵像)과 '청한(淸寒)' 두 글자를 새긴 인장을 권수(卷首)에 모사한 다음, 여기저기 유람하며 쓴 기행(紀行)시를 마지막에 첨부하여 별집(別集)으로 만들고 이를 통틀어 『매월당시사유록』이라 하였다.

김시습의 시문은 일찍이 『매월당집(梅月堂集)』이라는 이름으로 두 차례에 걸쳐 간행된 사실이 확인되었다. 그 밖에도 목활자본의 잔본(殘本)이 『매월당시고(梅月堂詩藁)』라는 이름으로 계명대학교에 소장되어 있는데, 이 또한 『매월당집(梅月堂集)』의 일부일 가능성이 크다. 또 관서(關西)·관동(關東)의 유록을 모은 『유관서관동록』이 윤춘년(尹春年, 1514~1567)에 의해 간행되기도 하였다. 모두 임란 이전의 일들이다. 이런 상황에서 매월당을 흠모하던 기자헌은 그의 유묵을 찾기 위해 노력했던 것으로 보인다. 그 결과 이자(李耔, 1480~1533)가 수집하여 노수신(盧守愼, 1515~1590)에게 전해주었던 매월당의 친필(親筆) 시고(詩稿) 2권을 입수하기에 이른다. 이 시고에는 매월당의 '청한(淸寒)'인과 노수신의 '소재(蘇齋)'인이 찍혀 있었다. 기자헌은 이를 바탕으로 관서(關西)·관동(關東)·호남(湖南)·금오(金鰲) 네 곳의 유록(遊錄)을 뽑아 한 질로 만들고 여기에 매월당의 화상(畵像)과 '청한' 두 글자를 새긴 인장을 권수(卷首)에 모사한 다음 여기저기 유람하며 쓴 기행시(紀行詩)를 마지막에 첨부하여 별집(別集)으로 만들었다. 『매월당시사유록』은 이렇게 탄생하였다. 이런 정황은 기자헌이 남긴 것으로 보이는 <매월당시사유록후서>를 통해 확인할 수 있다. 기자헌은 <매월당시사유록후서>에서 <낙성회(落成會)>, <수계권(受戒劵)> 등이 선조(先朝, 즉 宣祖를 말함) 때 간행한 『매월당집』에는 수록되어 있지 않아 김시습 자서본을 함께 초록했다고 하였다. 이는 기자헌이 후서를 쓴 시기가 광해군 재위시절(1609~1622)임을 의미한다고 볼 수 있다. 다시 말하면 『매월당시사유록』이 완성된 것은 광해군 재위시절이라는 말이다.

『매월당시사유록』의 간행시기는 명확하지 않다. 한천자(寒泉子) 박경신(朴慶新, 1560~?)이 쓴 발문을 통해 추정해왔을 뿐이다. 박경신의 발문은 『매월당시사유록』의 개인소장본(이하 '노중석본'이라 함)에 유일하게 전하고 있다. 1927년에 신식연활자로 간행된 『매월당집』에도 실려 있지만 뒷부분이 결락(缺落)된 상태라 발문을 쓴 사람과

시기가 나타나 있지 않다. 이 박경신의 발문은 간행시기를 추정하는데 중요한 기준이 되어 왔다. 즉, 이를 통해 간행에 관한 두 가지 주장이 제기되었다. 하나는 박경신의 발문을 통해 1624년경에 『매월당시사유록』이 간행되었다는 주장이고, 다른 하나는 『매월당시사유록』은 김시습이 직접 편찬하였고 1595년 이전에 이미 간행되었다는 주장이다. 그러나 박경신의 발문에는 간행과 관련된 어떤 언급도 없기 때문에 박경신의 발문이 간행의 증거가 될 수는 없다. 더욱이 전자의 경우 1927년에 간행된 『매월당집』을 근거로 박경신이 발문을 쓴 시기를 모르는 상황에서 추정한 것이므로 자연스럽게 그 근거가 없어진다. 후자의 경우 박경신이 발문을 쓴 시기를 '만력(萬曆) 을미(乙未)'로 잘못 본데서 생긴 오류다. 발문이 행초(行草)로 되어 있어 '을미(乙未)'처럼 보이지만 이는 '기미(己未)'를 잘못 판독한 것이다. 따라서 박경신이 발문을 쓴 시기는 1595년이 아니라 1619년이 된다. 이는 발문 중에 '금년 봄에 이영(貽永, 윤효전의 字)이 불행히도 죽었다'는 언급에서도 확인된다. 윤효전이 죽은 것은 1619년 봄이었기 때문이다. 결국 박경신의 발문은 우리에게 『매월당시사유록』의 간행에 관한 어떤 정보도 제공하지 못하고 있다. 다만 이상의 정보를 종합하여 1620년을 전후한 시기에 간행되었을 것으로 추정할 뿐이다.

3. 구성과 판본

『매월당시사유록』은 권차의 구분이 없는 1책으로 이루어져 있다. 다만 본집(本集)과 별집(別集)으로 나뉘어 있을 뿐이다. 맨 앞에는 김시습의 화상과 함께 <자사진찬(自寫眞贊)>이 있고, 본집에는 「유관서록(遊關西錄)」·「유관동록(遊關東錄)」·「유호남록(遊湖南錄)」·「유금오록(遊金鰲錄)」이 실려 있다. 별집은 「매월당시사유록별집(梅月堂詩四遊錄別集)」이라는 이름으로 수록되어 있다. 끝에는 기자헌이 쓴 것으로 보이는 <매월당시사유록후서(梅月堂詩四遊錄後序)>가 있다.

『매월당시사유록』의 판본은 다양하다. 간행시기가 정확히 표기되어 있는 판본이 없어 더욱 복잡하다. 이를 몇 가지 유형으로 나누어 살펴보기로 하겠다.

첫째, 가장 먼저 들 수 있는 판본은 고려대학교 만송문고본이다. 이 책에는 회재(晦齋) 이언적(李彦迪, 1491~1553)의 손자인 이의활(李宜活, 1573~1627)의 장서인이 남아 있어 『매월당시사유록』이 1627년 이전에 간행되었다는 중요한 사실을 알려주고 있다. 10행 20자로 되어 있으며, 판심에는 '유(遊)'자가 새겨져 있다. 본문은 44장으로 구성되어 있는데 첫째 수는 <도낙하(渡洛河)>로 시작하며, 후서는 친필을 그대로 판각한 듯 새김이 아주 좋다. 마지막에는 추기(追記)가 있는데 해서로 깨끗이 필서되어 있다.

본문을 쓴 사람의 글씨와 동일한 것으로 보인다. 따라서 이 추기는 『매월당시사유록』을 판각할 때 썼을 것으로 추정된다.

둘째, 국립중앙도서관 소장본이다. 10행 20자로 되어있고 본문이 44장이며 첫째 수가 <도낙하(渡洛河)>로 되어 있지만, 판심은 '사유록(四遊錄)'이며 후서는 필서체로 새롭게 써서 판각하였다. 행수도 다르고 글씨도 해서체이다. 만송문고본을 저본으로 새롭게 새긴 판이라 할 수 있다.

셋째, 개인소장본(노중석본)이다. 10행 18자로 이루어져 있고, 본문은 51장이며 판심은 '사유록'이고 첫 번째 수는 <송도(松都)>이다. 후서는 만송문고본의 복각본으로 보인다. 만송문고본에 비해 부드러운 맛이 적고 복각의 맛이 남아 있다. 그런데 이 책에는 한천자(寒泉子)의 발문이 남아 있다. 한천자는 박경신(朴慶新)의 호인데, 『매월당시사유록』과 경주부윤으로 있던 윤효전(尹孝全, 1569~1619)과의 인연을 적고 있다. 다만 이 발문에는 『매월당시사유록』의 간행과 관련해서는 아무런 언급도 나타나 있지 않다. 당질(堂姪)인 이명달(李命達)을 통해 『매월당시사유록』을 보았던 일에 관해 언급하고 있는데, 그 책에는 후서가 함께 있었다는 증언을 하고 있다. 이를 통해 볼 때 박경신이 보았던 책은 기자헌이 엮은 『매월당시사유록』의 원본이었거나, 만송문고본과 동일한 판본이었을 것으로 추정된다. 다만, 이 판본은 사각(寫刻)이 만송문고본에 비해 현저하게 떨어진다. 뿐만 아니라 매월당의 화상이나 '청한(淸寒)'인도 새김이 거칠다. 따라서 만송문고본을 저본으로 새롭게 판각한 판본임은 분명하나, 후서(後序) 뒤에 있던 추기(追記) 대신에 박경신의 발문을 구하여 새롭게 새긴 것으로 추정된다.

넷째, 규장각본이다. 10행 18자로 이루어져 있으므로 만송문고본과는 완전히 다른 판본임을 알 수 있다. 본문은 50장이며 판심은 '사유록'이고 첫 번째 수는 <송도(松都)>이다. 노중석본을 저본으로 한 판본으로 보인다.

다섯째, 일본(日本) 동경대학교(東京大學校) 동양문화연구소(東洋文化硏究所) 소장본이다. 10행 18자이지만 첫 번째 시는 <도낙하(渡洛河)>이다. 판심은 '사유록'이고 본문은 53장이다. 후서와 추기가 함께 붙어 있다. 노중석본을 저본으로 한 것으로 보이지만, 약간의 변화가 있는 듯하다.

이처럼 『매월당시사유록』의 판본은 크게 만송문고본 계열과 노중석본 계열로 나누어 볼 수 있다. 이들은 행자수는 물론 수록된 시에 있어서도 약간의 출입이 확인된다.

4. 계명대본 『매월당시사유록(梅月堂詩四遊錄)』의 가치

앞에서 살펴본 것처럼 『매월당시사유록』은 5종의 판본이 확인되었다. 그렇다면 계명대본 『매월당시사유록』은 이들과 어떤 관계가 있을까? 먼저 계명대본의 간략한 서지사항을 살펴보도록 하자.

서 명 : 『매월당시사유록(梅月堂詩四遊錄)』
편저자 : 김시습(金時習, 1435~1493) 저(著), 기자헌(奇自獻, 1562~1624) 편(編)
판 본 : 목판본
형 태 : 1책(불분권), 사주쌍변(四周雙邊), 반곽(半廓) 24.5×16.9cm, 유계(有界), 10행 20자, 내향3엽화문어미

판본으로만 보면 만송문고본 계열로 보이지만 명확하지가 않다. 계명대학교 소장본의 구성과 내용을 통해 좀 더 자세히 살펴보도록 하겠다. 계명대학교 소장본은 44장으로 구성되어 있고 판심에 '유(遊)'자가 새겨져 있는데 별집(別集)까지만 수록되어 있다. <매월당시사유록후서(梅月堂詩四遊錄後序)>는 수록되어 있지 않다. 「유관서록(遊關西錄)」에는 <도낙하(渡洛河)>를 시작으로 30제(題)의 시가 실려 있고 끝에는 <탕유관서록후지(宕遊關西錄後志)>가 있다. 「유관동록(遊關東錄)」에는 <숙포천인가(宿抱川人家)>를 시작으로 43제(題)의 시가 실려 있고 끝에는 <탕유관동록후지(宕遊關東錄後志)>가 있다. 「유호남록(遊湖南錄)」에는 <숙삼례역(宿參禮驛)>을 시작으로 15제(題)의 시가 실려 있고, 끝에는 <탕유호남록후지(宕遊湖南錄後志)>가 있다. 「유금오록(遊金鰲錄)」에는 <선방사(禪房寺)>를 시작으로 79제(題)가 실려 있고 끝에는 후지(後志)가 있는데 제목은 없다. 「매월당시사유록별집(梅月堂詩四遊錄別集)」에는 12제(題)의 시와 함께 <산거집구(山居集句)>가 있고 끝에는 후지(後志)가 실려 있다.

이를 종합해보면 계명대학교 소장본은 만송문고본 계열의 판본이지만 또 다른 판본임이 분명하다. 10행 20자에 44장으로 구성되어 있고 판심에 '유(遊)'자가 새겨져 있는 점은 만송문고본과 같지만, 글자는 완전히 다른 서체이다. 후서나 추기도 남아 있지 않다. 만송문고본을 저본으로 한 완전히 새로운 판본임을 알 수 있다. 이 판본은 비교적 후기의 판본으로 보이지만 지금까지 알려지지 않은 판본이라는 데 의미가 있다. 이를 통해서 볼 때 지금까지 최소한 6차례에 걸쳐 『매월당시사유록』이 간행된 사실을 확인할 수 있다. 조선인의 시집이 6차례나 간행된 사례는 조선의 출판역사에서도 그 유례를 찾기 힘들다. 이는 매월당 김시습이 충절의 화신, 시대의 비판자로서 추앙받은 이유를 설명하는 한 증좌가 될 것이다. 계명대학교 소장본 『매월당시사유록』은 새로운 판본으로 확인되었다는 것만으로도 충분한 가치가 있다.

참고 문헌

노중석, 「매월당시사유록 연구」, 계명대학교 교육대학원 석사학위논문, 1994.
박철상, 「을해자본 『매월당집』 잔편 발굴의 의미」, 『문헌과해석』 27호, 2004.
임형택, 「매월당시사유록에 관한 고찰」, 『한국한문학연구』 26집, 한국한문학회, 2000.
藤本幸夫, 『日本現存朝鮮本研究』(集部), 京都大學學術出版會, 2006.

계명대학교
동산도서관
고문헌총서
X

매월당시사유록(梅月堂詩四遊錄)

2008년 10월 27일 인쇄 16,000원
2008년 11월 3일 발행

편자 계명대학교동산도서관
발행인 신일희
발행처 계명대학교출판부
등록 1970년 9월 1일 대구 제7-44호
주소 대구광역시 달서구 신당동 1000번지
전화 580-6232~33 팩스 583-5213

ISBN 978-89-7585-439-2

PRINTING 동아종합인쇄사

잘못된 책은 바꾸어 드립니다.

불법복사는 지적재산을 훔치는 범죄행위입니다.
저작권법 제136조(권리의 침해죄)에 따라 위반자는 5년 이하의 징역
또는 5천만원 이하의 벌금에 처하거나 이를 병과할 수 있습니다.